AF500913

RÉPONSE A LA LETTRE D'UN VILAIN.

UN NOUVEAU CANDIDAT

A L'ACADÉMIE DES SCIENCES.

—

Réponse à la LETTRE D'UN VILAIN (1).

Ainsi donc, c'est un fait, Roanne possède un savant, et un savant de la belle espèce, historien, chronologiste, géographe, linguiste, archéologue surtout, archéologue et philosophe; il a suivi de son cabinet d'étude, ou d'ailleurs, « les hardis voyageurs que le besoin irrésistible des découvertes a lancés à la recherche des insondables profondeurs de l'Afrique et de l'Australie; » il s'est enfoncé avec M. Mariette sous les sables brûlants de l'Egypte; les travaux de MM. Bunsen, Lepsius et de Rougé lui sont familiers, les temples d'Edfou, d'Eléphantine et de Sakkara n'ont rien d'inconnu et de caché pour lui.... s'il n'a pas trouvé la clef des hiéroglyphes, c'est que Champollion ne lui en a pas laissé le temps; mais à défaut de cet honneur, à lui, du moins, la gloire d'avoir percé « les mystères de la théologie égyptienne primitive, et d'en révéler aujourd'hui les conséquences incalculables » aux Roannais étonnés.

Remercions sincèrement le savant roannais de ce qu'il a daigné nous faire part des merveilleuses déductions qu'il a tirées des études du Sérapeum des Pharaons, et des mystères d'Osiris, de Phta, et « d'Apis le taureau chaste. » Qu'on vienne nous dire maintenant que Roanne est plus arriérée que Carpentras et Brives-la-Gaillarde.

(1) Ces lignes ont été écrites, au lendemain de la publication de la *Lettre d'un Vilain au gentilhomme J. Vaysse vicomte de Rainneville*, et étaient destinées à paraître comme article de journal; diverses considérations en ayant empêché l'insertion, nous nous sommes décidé à les publier nous-même, nous avons pensé qu'il ne fallait cependant pas laisser passer la brochure roannaise sans une protestation quelconque. — (*Note de l'auteur.*).

La lettre du vilain est donnée en réponse à l'opuscule de M. le vicomte de Rainneville « *Catholiques tolérants et légitimistes libéraux* ». Comme ce dernier ouvrage a déjà presque une année d'existence, si l'auteur roannais a mis tout ce temps à préparer sa réponse, on ne peut pas l'accuser d'avoir précipité son travail. Je doute fort que M. le gentilhomme fasse honneur à la lettre du savant... mais après tout, il s'agit bien de M. le vicomte.

Au fond l'œuvre du savant roannais est une profession de foi, nette, hardie, à l'encontre du catholicisme et du christianisme; le but de l'auteur est d'aider l'esprit humain à se dégager des étreintes d'une religion tyrannique « pour ne plus obéir qu'à l'impulsion de sa conscience et de sa raison; éclairer cette conscience, et guider cette raison, voilà la mission de tous les cœurs honnêtes et intelligents, » et c'est celle que l'auteur se donne.

L'auteur appartient à la classe des esprits qui *étudient*, c'est-à-dire, qui « regardant de haut, et élargissant l'horizon de leurs investigations, ont pris pour objet d'examen la vieille Europe et le Nouveau-Monde, » (sans oublier l'Asie ni l'Afrique), et pour sujet d'étude la vie morale du genre humain... Il a vu l'univers se débattre sous les étreintes du catholicisme, du protestantisme, de l'islaminisme, du schisme grec, du boudhisme, du mormonisme, toujours victime de leurs luttes cruelles; « douloureusement ému, il a longtemps médité sur ce triste spectacle ». et il est arrivé à cette conclusion qui a pour lui toute la valeur d'un axiome, savoir que toutes les religions se valent; le coup d'œil de l'aigle et le bond du lion !...

Si toutes les religions se valent généralement, il en est une cependant qui vaut moins que les autres, c'est le catholicisme; celle-là, il faut la détruire au plus tôt. L'auteur sait parfaitement le moment précis où cette religion ne sera plus de ce monde, et il aurait pu nous le prédire; mais il n'est pas tenu de nous dire tous ses secrets, et je trouve même sa politesse bien grande à nous demander la permission de se taire sur ce point.

Croire à la divinité du christianisme, c'était bon pour les siècles d'ignorance, alors que « toute discussion, c'est-à-dire toute clarté était bien vite étouffée au fond des cachots ou dans la fumée des bûchers. » C'était bon pour le temps de St. Thomas, de St. Bernard, de Bossuet, de Fenélon, de Pascal, de Malebranche, de Leibnitz; mais à notre époque... allons donc !.... C'en a été fait du christianisme « du jour où l'esprit humain a pu se douter que les livres saints n'étaient pas tombés tout écrits du ciel. » Et dire qu'il a fallu des siècles d'efforts à l'intelligence humaine pour arriver à ce merveilleux soupçon, à ce doute sauveur !... Une fois le joint trouvé, la science a eu beau jeu et n'a pas été lente à démolir l'édifice pièce par pièce. Lui, par exemple, bien qu'il n'ait pas eu le bonheur d'étudier sur les lieux l'histoire antique et la théologie primitive des Egyptiens, quel point voulez-vous qu'il attaque des saintes Ecritures, le récit de la création, l'histoire du déluge ou des plaies de l'Egypte ?... sur tous ces points, le savant roannais va vous démontrer mathématiquement que le texte biblique n'est qu'un tissu de contradictions avec lui-même ou avec la science. Voilà ce qui prouve que le catholicisme ne vaut pas plus que l'islamisme ou le boudhisme ; mais ce qui fait que la religion catholique vaut encore moins que les autres, c'est qu'elle est essentiellement intolérante et ennemie des lumières : intolérante, c'est prouvé par l'inquisition, la révocation de l'édit de Nantes, et... le petit Mortara ; ennemie des lumières, l'auteur prétend en effet que l'Eglise s'est faite « la patronne de l'ignorance et des ténèbres, qu'elle s'est donnée pour adversaires tous les esprits amis du progrès et des lumières, » et très-modestement, il se range au nombre des adversaires de l'Eglise, en compagnie de Copernic et de Galilée, qui, s'ils peuvent s'étonner du rôle qu'il leur donne, ne doivent qu'être flattés de l'honneur qu'il leur fait.

Que n'ai-je maintenant le droit de hasarder quelques petites critiques ? Je dirais peut-être à l'auteur qui se vante de suivre « le courant impétueux de l'esprit moderne pour les découvertes, c'est-à-dire pour les nouveautés » que l'inquisition, la révocation de l'édit de Nantes, et même le petit Mortara ne sont pas précisément des nouveautés ; mais, qui sait ? L'auteur est peut-être jeune encore et ces vieilleries sont sans doute des nouveautés... pour lui ; je pourrais encore signaler quelques petites bévues : dans cette phrase : « Les évêques ne peuvent rien pour étancher cette soif ardente qui pousse les intelligences à examiner toutes les questions... » étancher est un contre-sens; dans celle-ci : « Le monde dans son enfance avait besoin d'une religion qui le *fasse* obéir, il avait besoin d'un maître qui lui *commande.* » Ces deux présents du subjonctif sont des solécismes, affaire d'impression sans doute, ces fautes, au reste, seraient bien excusables dans l'auteur... l'archéologie et la philosophie sont des études absorbantes, de nature à faire un peu oublier la grammaire. Ces réserves faites, je ne puis que louer le talent de l'auteur : sa dialectique est serrée; il n'avance rien qu'il ne prouve. J'admirerais peut-être davantage son érudition, si je n'avais jamais feuilleté la *Revue des Deux-Mondes*, ni jeté les yeux sur la quatrième page du *Moniteur* ; mais à coup sûr la profondeur de ses vues me dépasse ! C'est ainsi que l'empire chinois lui semble, dans quelques siècles, appelé à gouverner le monde.

« Chaque peuple à son tour a régné sur la terre. »

Le passé est aux Grecs et aux Romains, le présent aux Français et aux Anglais, l'avenir appartient aux Chinois. C'est ainsi encore qu'après avoir prophétisé la ruine prochaine du protestantisme et du catholicisme, il attribue le livre de M. Guizot sur la question romaine, la conversion prétendue de la Reine d'Angleterre et l'empressement de lord Palmerston à faire offre d'hospitalité au Saint-Père, au besoin qu'éprouveraient les deux Eglises, « de se prêter un mutuel appui pour parer à un commun danger. » Il faut que nous ayons été bien bornés ou bien naïfs pour n'avoir pu voir dans cette démarche du cabinet anglais qu'une intention habile, ou une insinuation perfide contre la politique de l'Empereur.

Voilà l'œuvre du savant roannais : l'auteur, paraît-il, est jeune encore ; si telle est la lumière de ce nouvel astre à son matin, de quels feux ne va-t-il pas embraser le monde à son midi ?

Pourquoi l'auteur n'a-t-il pas dit son nom ? ne faut-il voir, dans ce silence, qu'une grâce de la modestie, et nullement un sacrifice à la bienséance, un égard au respect dont le public était accoutumé à entourer un nom que l'auteur n'était pas seul à porter ?... Helas ! le ton dégagé et l'à-propos de la brochure montrent trop bien que le respect n'est pas au nombre des grandes choses qu'on apprend dans certaines revues et certains journaux du jour. Mais si la hardiesse est propre à la jeunesse, la modestie sied toujours bien au talent. Il est beau de voir l'homme de génie dérober gracieusement son nom aux admirations que sa plume suscite de toutes parts, nous laissant le plaisir de le deviner. Il n'a pas fallu grand esprit pour cela; Roanne ne compte pas beaucoup de têtes capables d'une telle œuvre.

Pour moi, si j'avais l'honneur de connaître l'auteur de la brochure, je prendrais la hardiesse de lui parler ainsi : De deux choses l'une : ou bien vous avez voulu faire parler de vous, jouer le rôle d'Erostrate; dans ce cas vous vous êtes trompé, vous n'êtes pas de taille à souffleter l'Eglise ; croyez-moi, laissez l'archéologie pour le code civil, l'étude des stèles du Sérapéum des Pharaons pour celle des articles du code de procédure, et si ces études sont trop sérieuses pour votre esprit, retournez à votre journal et à vos actrices; quelle que soit la *malice de ces dames*, vous pouvez trouver de l'amusement à leur faire... la cour ?... Oh ! non,.. la guerre: employez les avantages d'une collaboration amie à fournir nos petits journaux de bons mots et de petites nouvelles à la main. Que si vous avez voulu faire *œuvre d'apprenti*, vous créer un droit à vous présenter à quelque loge maçonnique, ou au bureau de rédaction de quelque journal athée, vous pouvez être content de vous : allez, courez à Paris, sinon au bureau de l'*Opinion Nationale*, du moins à celui du *Siècle*. M. Guéroult exige peut-être du style et de la science de ses collaboratenrs : pour écrire avec M. Havin il suffit d'être impie.

Deux mots de sérieux et je termine : on accuse l'Eglise d'être intolérante et ennemie des lumières ; l'Eglise, ennemie des lumières, quand c'est elle qui a été de tout temps la gardienne vigilante des belles-lettres, et la protectrice dévouée des nobles études; l'Eglise ennemie des lumières ! quand ce sont ses prêtres. ses religieux, ses religieuses, qui partout dispensent, prodiguent, à toutes les classes de la société, l'instruction, avec une générosité de dévouementqui faitsa gloire... Qu'on le remarque, les hommes qui emploient leur savoir à injurier l'Eglise sont très-souvent redevables de ce savoir à l'Eglise elle-même ; que d'élèves elle peut compter dans les rangs de ses adversaires; un grand nombre de ses ennem s sont des ingrats. L'Eglise intolérante ! eh ! comment pourrait-elle l'être ?... l'Eglise a reçu l'autorité et non pas la force, elle possède, comme la vérité qu'elle représente, le droit de commander aux consciences, mais non comme la société civile, qu'elle a mission de diriger, le pouvoir de contraindre. Jésus-Christ a établi dans l Eglise des docteurs et des ministres, un pape, des évêques et des prêtres, et non pas des gendarmes.

Roanne.— Imprimerie de FERLAY, rue du Collège, 9.

02

LA LIBERTÉ

SOUS

LES NAPOLÉON

PAR

A. LESPERUT

PARIS,

E. DENTU, LIBRAIRE-ÉDITEUR

PALAIS ROYAL, 17 ET 19, GALERIE D'ORLÉANS

1866

INTRODUCTION.

En France, aucune rumeur n'est approfondie. On y érige en croyance toute idée ayant un côté militant. Quelques-uns, avec espoir de profit, crient que la nation française n'a pas la liberté. Ils sont écoutés parce qu'ils éveillent une pensée d'opposition. L'attrait de la lutte rend les masses frondeuses.

Dans le but de montrer à tous, sous son vrai jour, l'excellente situation faite au pays par la dynastie des Napoléon, nous publions ces quelques pages. Puissent-elles contribuer à affirmer la prospérité réelle de notre patrie!

A. Lesperut.

Paris, avril 1866.

LA LIBERTÉ

SOUS

LES NAPOLÉON

Plus il y a danger de mort pour une nation, plus le grand homme prédestiné à la régénérer doit déployer d'énergie. Si celle-ci eût manqué le 18 brumaire au général Bonaparte, la France ne serait plus. La situation ne pouvait se prolonger. On ne guillotinait point, mais on déportait. L'ennemi enveloppait nos frontières; et nos soldats, sans pain ni argent, devaient vivre aux dépens du territoire qu'ils défendaient. Tous les esprits réclamaient un sauveur. A tous, se présentait Bonaparte escorté de ses victoires en Italie et en Égypte. Aussi, tandis que César avait hésité à franchir le Rubicon, et Cromwell à fermer le parlement, Bonaparte lança-t-il résolûment ses grenadiers au Conseil des Cinq-Cents, certain d'avoir l'approbation de la nation entière.

Quand un peuple a fait une révolution comme celle de 1789, il a prouvé son aptitude à comprendre tout ce qui est grand. Le peuple français, voyant ses espérances sur Bonarparte se réaliser, lui conféra d'abord le consulat pour dix ans, et bientôt après s'honora en l'acclamant comme empereur. Napoléon Ier fut maître de la France pendant seize ans. Celle-ci lui doit sa grandeur jusqu'à nos jours, comme elle lui devra celle qui, croissant encore, l'attend dans l'avenir. En effet, c'est à lui que la France doit Napoléon III et qu'elle devra Napoléon IV, continuant la seule dynastie capable de donner aux Français la première place dans les luttes du progrès général.

Le mot *liberté* a acquis une valeur comme levier populaire, parce que le grand nombre de ceux qui le prononcent en ignorent le vrai sens.

Celui qui dit : « Je veux la liberté, » émet un vœu irréalisable.

Avoir la liberté, c'est avoir la permission de se conduire à sa guise. Or aujourd'hui, nul ne niant que chaque individu est propriétaire, soit foncièrement, soit de son travail, soit de sa propre existence, comment chacun songerait-il sérieusement à pouvoir se conduire selon sa guise? La liberté produirait les imperfections humaines se heurtant toutes; les abus de tous conduiraient à l'anarchie; celle-ci amènerait la mort de la nation.

Aussi le mot *liberté* n'est-il pas le nom réel d'un drapeau.

Cela est si vrai, qu'aucun ambitieux ne rêve la liberté, mais seulement la promet. Ainsi, ceux qu'ils veulent se rallier sont plus facilement trompés que s'ils leur disaient : « Nous voulons telles et telles libertés, par exemple la liberté de la presse, celle de réunion. » On a eu ces libertés, on en connaît les résultats, on les voit dans d'autres pays. Le souvenir du passé, le présent d'autres peuples, pourraient arrêter les esprits à entraîner. Mais, quand on leur dit : « Nous voulons la liberté, » quelques-uns, songeant à l'absence de tout frein, cèdent à l'attrait de l'inconnu, à l'éveil de leurs passions. Ils forment la grande partie de ceux qui envoient au Corps législatif les députés dits de l'opposition. Le serment de fidélité prêté par ces derniers à la Constitution et au Souverain devrait les débaptiser.

La preuve que cet envoi est le fait d'habiles manœuvres sur les passions populaires, c'est qu'il provient uniquement des grandes villes, là où il est seulement possible d'illusionner les masses.

Quoique le souhait de la liberté, pris dans son acception absolue, soit un non-sens, nous emploierons le mot *liberté* pour sa brièveté et comme usuellement répandu. Nous en faisons un terme générique représentant les libertés rêvables par un peuple civilisé, civilisation bannissant l'idée de toutes les libertés, ensemble qui serait la barbarie.

Sous Napoléon Ier, la France a conquis, l'épée à la main, la première place parmi les nations progressistes. Les aigles impériales ont, dans leur vol de géants, atteint partout les abus féodaux, ont jeté partout les idées de liberté. Et, comme ces idées ébranlaient les trônes du monde entier, les souverains du monde entier se liguèrent contre le foyer de la liberté, contre la France. Mais pendant seize ans Napoléon vainquit le monde entier. Pour abattre cette puissante personnification de la liberté, il fallut pour alliés à ses ennemis les éléments et les trahisons. Il fallut encore que, libéral jusqu'au dernier moment, le grand homme voulût, en abdiquant, éviter à sa patrie la guerre civile.

Ce n'était pas du conquérant que l'on avait peur, mais bien de la liberté : car le nom de Napoléon, symbole de liberté, effraya dans son fils enfant.

Donner la liberté à un peuple n'est pas lui donner les droits que le petit nombre réclame, ni ceux dont d'autres nations jouissent.

Agir ainsi serait trahir les intérêts des gouvernés. La majorité doit être considérée comme raisonnant mieux que la minorité. Évidemment, selon les races, les caractères, les droits des nations changent. Céder à une minorité comparant son pays à d'autres, sans tenir compte de ces différences originaires et morales, ce serait trahir le mandat reçu de l'élection populaire.

La dynastie napoléonienne est la seule qui s'appuie sur l'imposante base du suffrage universel. Elle a le devoir de se conduire sans accepter de comparaisons avec les autres dynasties.

Napoléon Ier ne pouvait pas, ne devait pas donner par exemple la liberté de la presse, celle de réunion. Investi du pouvoir au lendemain d'une révolution, sa mission était de donner l'ordre. En montant sur le trône impérial, il avait juré de gouverner en vue seulement de l'intérêt, du bonheur et de la gloire du peuple français.

S'il n'a jamais failli à son serment, la nation avait la dose de liberté qu'elle souhaitait en le proclamant empereur.

L'intérêt de la révolution française, l'intérêt des enfants de 1789, était la propagation de leurs idées. Comment mieux servir cet intérêt que ne l'a fait Napoléon en se drapant de la pourpre impériale, lui plébéien ; en se faisant sacrer, lui plébéien, par l'homme-dieu d'alors ; en prenant pour femme une fille des Césars, lui homme du peuple ? Comment mieux assurer le bonheur des Français qu'en leur donnant un gouvernement d'égalité où tout jurisconsulte savant, tout soldat heureux, pouvait devenir archichancelier, maréchal, roi même, comme le fondateur était devenu souverain, d'officier d'artillerie ? Comment mieux contribuer au bonheur des enfants de 89 qu'en leur donnant un gouvernement dont la récompense égalisait tous les mérites par une croix d'honneur rendant le plus petit l'égal d'un potentat ? Comment mieux tenir son serment d'agir dans l'intérêt du peuple que de doter la patrie d'institutions religieuses, judiciaires, guerrières, administratives, si saines qu'un demi-siècle après, de nos jours, elles régissent encore la France, malgré les tempêtes politiques de cinquante années ?

Quant à la gloire, Napoléon a fait à la France un ciel immense de grandeur et de puissance dont l'aspect arrête les autres peuples dans leurs projets insensés. Les étoiles Marengo, Austerlitz, Iéna, Friedland, Moscowa et mille autres couvrent encore notre patrie de leur prestigieux éclat.

Les Français ont eu sous Napoléon Ier la liberté qu'ils voulaient ; la preuve en est dans leur empressement à choisir Napoléon III pour leur souverain.

Quand elles ne sont pas amenées par la force des choses comme en 1789, les révolutions sont si nuisibles aux sociétés que tout cœur honnête veut en préserver celles-ci.

Le prince Louis-Napoléon Bonaparte, en apprenant la proclamation de la République (février 1848), avait pensé pouvoir revenir en France. Mais, trente-trois années d'exil ne trouvant pas grâce devant le gouvernement provisoire, qui craignait les souvenirs et les sympathies populaires, le prince quitta sa patrie pour lui éviter toute perturbation.

Le nom du prince était si bien un symbole de nationalité et de gloire que le gouvernement provisoire dut céder à la pression de plusieurs réélections de l'absent comme député, réélections ayant lieu malgré les démissions réitérées de l'élu. Le prince fut admis à l'Assemblée nationale.

Le gouvernement était alors éphémère, même d'appellation. Désireux de stabilité, le peuple, qui se connaît en grands hommes, appela par l'élection le prince Louis Bonaparte à la présidence de la République. Élu Président pour dix ans, et élu Empereur, Napoléon III, depuis dix-huit ans, est chargé des rênes de l'État.

Jamais il n'a cessé de donner au peuple français la liberté qu'il lui avait promise et qu'il convient au peuple français d'avoir. La nation en était satisfaite, puisqu'elle a fermé l'ère des révolutions en donnant à son gouvernant la présidence pour dix ans. La nation en était satisfaite, puisqu'elle a donné l'empire à Napoléon III par une majorité de 7,824,189 voix sur 8,140,660 votants.

Le pays approuve la liberté octroyée par l'empire, puisque, sur 290 députés qu'il charge d'apprécier les actes du gouvernement, 17 seulement ont mission de les critiquer; ce qui établit que, sur 36 millions de Français, 2 millions seulement ne sont pas entièrement satisfaits.

Comment y aurait-il un plus grand nombre de mécontents ?

L'Empereur a juré au peuple français de travailler à fonder un gouvernement ferme et désireux du progrès, sans être réactionnaire ou utopiste, désireux en un mot de faire le bien sinon de grandes choses.

Admirable serment admirablement tenu.

Le bien et de grandes choses ont été faites, sont faites et seront faites par Napoléon III.

A l'extérieur, à Rome, en Russie, en Italie, en Chine, au Mexique, en Algérie, la gloire a été récoltée et la liberté portée, au moins en principes. Le percement de l'isthme de Suez sera dû à la protection de l'Empereur. Napoléon III est le plus grand des souverains, parce que seul il tient le pouvoir du suffrage populaire; il est aussi le plus grand par la dispensation de la liberté.

La campagne de Rome a donné aux Romains la sécularisation de l'administration, une amnistie générale, l'adoption du Code Napoléon, un gouvernement libéral.

La guerre de Crimée a empêché l'oppression des Turcs, établi l'alliance anglo-française. Solferino a fondé l'unité italienne et prouvé que Napoléon III n'est pas moins grand capitaine que le fondateur de sa dynastie.

L'expédition en Chine a donné la liberté commerciale; celle au Mexique, la liberté à nos nationaux.

Les lauriers algériens consolident la liberté des colons.

A l'intérieur, Napoléon III a donné l'ordre. Quand il

s'est agi d'étouffer le désordre fomenté par ceux auxquels sa sage administration enlevait l'espoir de ressaisir le pouvoir, il n'a reculé devant rien. Ne s'agissait-il pas de défendre la cause de la nation, de la civilisation entière ?

L'ordre est la liberté, car il permet à tous le travail; il enfante des générations conservatrices; il bannit les révolutions, secousses préjudiciables presque pour tous. Aussi, sur seize grandes sociétés de crédit en France, quatorze ont été créées de 1852 à 1864.

Aussi le rendement de l'agriculture a-t-il beaucoup augmenté de 1861 à 1865. Sous l'influence des traités de commerce provoquant de grands mouvements d'échanges, la valeur des produits agricoles exportés qui, en 1850, était de 206,000 francs, en 1865 dépassait 710,000 francs.

La statistique démontre que, depuis dix ans, la vie moyenne des populations augmente : cela, grâce à l'assainissement et à l'embellissement des villes. Dans toute la France, tout important monument porte une de ces inscriptions : « Construit sous Napoléon III, ou réparé sous Napoléon III. »

En jetant des ponts, en élargissant les ports, en complétant le réseau des voies ferrées, en dégrevant les canaux des droits de péage, en multipliant les bibliothèques et les écoles, en autorisant les conférences, en diminuant les taxes postales et télégraphiques, le second empire a vivifié la nation. Il a amené le bien-être dans toutes les classes ; la preuve en est dans les capitaux absorbés par les grandes entreprises caractérisant notre époque. Devant ces résultats certains et visibles pour tous, la France veut la stabilité de l'empire et de ses institutions fondamentales. Justement elle se trouve assez de liberté quand elle se constate une immense influence dans le monde. Devant cette estime du monde entier, elle se trouve bien gouvernée.

Et maintenant que répondre aux mécontents, cette éternelle catégorie de gouvernés? Ils demandent surtout la liberté de la presse et celle de réunion. Mais ces libertés existaient avant Napoléon III, et la nation a choisi l'Empereur pour la défendre contre elles.

D'ailleurs la pensée est libre. Ouvrez brochures et livres, vous trouverez toutes les questions, tous les dogmes discutés. Seulement les journaux sont réglementés, mais c'est conformément aux désirs de presque tous les gouvernés. Si, réglementés, ils égarent l'opinion publique, quel mal ne feraient-ils pas non réglementés? Comment n'égareraient-ils pas l'opinion publique? Ils sont tous organes de partis, donc forcément partiaux. Le droit de réponse, invoqué comme palliatif, est presque nul. Une calomnie, une erreur est insérée. Vous pouvez vous défendre; mais que de lecteurs du mensonge ne liront pas l'article de la vérité!

Il est nécessaire pour la sécurité publique de ne pas donner actuellement l'entière liberté de la presse.

Quant au droit de réunion, il a existé sous la république de 1848. C'est encore contre les abus qu'il a produits que le peuple a appelé Napoléon III. Le droit de réunion n'est pas dénié aujourd'hui; on l'a enlevé aux passions, mais laissé à l'amélioration matérielle et morale du peuple. Les sociétés de bienfaisance, les sociétés coopératives, sont des affirmations du droit de réunion sagement autorisé.

Les mécontents affectent de comparer la France à d'autres pays, selon eux, plus riches en liberté, surtout à l'Angleterre et à l'Amérique.

L'Angleterre n'a qu'une classe de citoyens : l'aristocratie, ou nobiliaire, ou financière, ou commerciale. Le peuple peut y écrire, parler, se réunir librement, mais il meurt de faim. L'Angleterre n'a pas le suffrage universel, dont la conquête lui coûtera un 93.

L'Amérique, elle, frémit encore de la gigantesque guerre dans laquelle la moitié des citoyens était en armes contre l'autre. Cette lutte, entre autres preuves, affirme bien que tout n'est pas pour le mieux en ce pays.

Les demandes de Français voulant être naturalisés citoyens d'un autre pays sont presque nulles, et au contraire que d'étrangers sollicitent la naturalisation française!

Soyons donc fiers de notre nationalité, et reportons à notre Souverain ce droit de fierté.

La cause du peuple, aimée, servie, défendue, restera l'impérissable titre de Napoléon III. Toutes les fois qu'il a vu en souffrance un intérêt populaire, il lui a donné satisfaction.

La loi des coalitions; le choix des maires réservé au Souverain par la Constitution et effectué, dans la proportion de 36,468 contre 692, au sein des conseillers élus par le suffrage universel; la loi sur les attributions des conseils généraux; le contrôle des finances de l'Éta dévolu spontanément au Corps législatif; le décret du 24 novembre; l'enquête sur les banques, celle sur l'agriculture: voilà des preuves que le gouvernement marche progressivement dans la voie de la liberté, et selon nos besoins, nos intérêts.

Une des mille grandes qualités de l'Empereur consiste à distinguer les éminentes personnalités. Autour de Napoléon III, sur le pavois de l'immortalité glorieuse, l'histoire élèvera les Billault, Magnan, Mocquard, Morny, Pietri. Elle placera les dignitaires actuels : Baroche, Béhic, Duruy, Drouyn de Lhuys, Fould, Haussmann, La Guéronnière, La Valette, Magne, Persigny, Rouher, Rouland, Troplong, Vaillant, Walewski, et tant d'autres si justement célèbres.

Les droits que le gouvernement s'attribue servant à l'utilité générale, la satisfaction est générale.

Les libertés entrevues seront données par la dynastie napoléonienne, par Napoléon III ou par Napoléon IV, selon que l'instruction du peuple sera plus promptement faite. Et la preuve du désir de l'Empereur de voir couronné l'édifice Liberté, c'est sa belle idée d'un congrès, la plus profondément politique des temps modernes. Les cabinets étrangers ont boudé à cette idée; ils y seront ramenés par les peuples, désireux de rejoindre les Français dans la prospérité.

Un congrès serait la paix; celle-ci serait la base de l'édifice Liberté, qui sera terminé quand le peuple sera instruit.

Or Napoléon III est le souverain le plus ardent à propager l'instruction parmi son peuple. A aucune époque le savoir n'a été dispensé au pays par autant de chaires orales et autant de feuilles imprimées.

Aux Napoléon la France devra donc la réalisation de tous les rêves de liberté réalisables.

Reconnaissants des grandes choses, du bien, faits par Napoléon III, tous les Français doivent avoir foi dans la dynastie napoléonienne. Celle-ci ne laissera jamais usurper à la France, par n'importe quelle nation, son titre de première puissance du monde.

Paris. — Typographie de Ad. Lainé et J. Havard, rue des Saints-Pères, 19.

www.ingramcontent.com/pod-product-compliance
Ingram Content Group UK Ltd.
Pitfield, Milton Keynes, MK11 3LW, UK
UKHW012310240726
13966UKWH00005B/1776